AF259959

PREMIÈRE PARTIE.

LES MARTYRS

PAR

M. Léon BEYNET

AUTEUR DES DRAMES DU DÉSERT

ALGER

IMPRIMERIE DU COURRIER DE L'ALGÉRIE

A. MOLOT ET Cie

5, rue de l'Etat-Major, 5.

1863

LES COLONS ALGÉRIENS.

PREMIÈRE PARTIE.

LES MARTYRS.

PROLOGUE.

Comme la guerre, la colonisation a ses champs de
bataille : comme celle-là, celle-ci a ses intrépides et
ses lâches, ses morts et ses blessés, ses vieux de la
vieille et ses conscrits ; et celui pour qui *tous les hommes sont des hommes* — et qui veut observer — trouve
ici, comme là, des morts héroïques, des drames
émouvants.

CHAPITRE I.

—

AU PAYS.

Parmi la population française de l'Algérie, il se trouve beaucoup d'anciens militaires congédiés en Algérie même. Le plus grand nombre se sont faits colons, ne possédant pour tout avoir que leur *fonds de masse*, variant de dix à cinquante francs, et la plupart ont parfaitement réussi : quelques-uns ont fondé de très belles fermes ; d'autres ont fait fortune, dans toute l'acception du mot.

Le malheureux dont nous allons raconter l'histoire aurait sans doute fait nombre parmi ces intrépides défricheurs, si une de ces catastrophes dont les colons sont, hélas ! trop souvent victimes, n'était venu l'écraser tout à coup.

Ce colon s'appelait Simon. C'était un enfant naturel, né à Mulhouse, de père et mère inconnus, pour parler comme les registres de l'état-civil de cette ville. Il avait été élevé à la campagne, dans une maison de bons fermiers. Il était doué d'une force herculéenne et son goût pour le travail des champs était proportionnel à ses forces, qualités inappréciables chez un garçon de ferme. Mais il était têtu comme un allemand. Ce travers lui avait attiré plusieurs mésaventures très-fâcheuses, entre autres celle-ci.

Simon ramenait les bœufs à la ferme; chemin faisant, les bœufs promenaient leur langue vorace, par-ci par-là, sur les prés d'autrui. Survint le garde champêtre, qui menaça Simon d'un procès-verbal : une querelle s'ensuivit, puis on se secoua, et Simon secoua si maladroitement le garde-champêtre qu'il lui arracha le fourreau de son sabre.

Quand je dis son sabre, c'est une manière de parler : ledit insigne ne se composait que d'un vieux baudrier, d'une *poignée*, artificieusement clouée au bas du baudrier et du fourreau resté aux mains de Simon ; de lame, point.

A la vue de ce corps sans âme, qu'on me passe l'expression, Simon se mit à rire de la manière la plus inconvenante. Il alla plus loin : il rendit le fourreau au garde-champêtre en lui disant :

— Ah ! farceur, tu as cassé la lame en arrachant des pommes de terre dans un champ qui ne t'appartenait pas !

Le garde-champêtre, furieux, rouge jusqu'au bout de l'oreille, s'éloigna en menaçant Simon.

— Tu me la paieras ! lui dit-il.

En effet, Simon, pour ce fait, fut condamné à huit jours de prison, bien que le garde-champêtre eût passé sous silence l'accusation relative aux pommes de terre.

Somme toute, le fermier et sa famille affectionnaient assez Simon, qui le leur rendait, et tout porte à croire qu'il serait resté longtemps encore avec eux, si la conscription n'en eût pas fait un soldat.

CHAPITRE II.

—

AU RÉGIMENT

Il fut envoyé au 2ᵉ régiment de Chasseurs d'Afrique.

Les notes du régiment sur Simon sont à peu près les mêmes que celle du fermier : — Bon soldat, mais mauvaise tête, lorsqu'il a bu un coup de trop. — Se trouvant un jour dans cet état, il jeta dans un abreuvoir un gendarme et un agent de police qui voulaient le conduire au corps-de-garde. Cette fois, il fit un mois de prison. Mais quelque temps après, il se lava de cette tache dans une sortie que le régiment fit contre les Arabes : A grands coups de sabre, — un sabre qui avait une lame ! — il délivra son capitaine, entouré d'une douzaine de cavaliers ennemis.

Seulement il perdit la lame de son sabre à la bataille : un cavalier kabyle, qui l'avait reçue en plein au travers du corps, eût l'effroyable énergie, ainsi traversé de part en part, de l'emporter en se sauvant et de rejoindre les siens (1) ; Simon se considéra comme vaincu.

Mais il fut le seul à voir les choses de cette façon, car, en récompense de ce fait d'armes qui, le soir de retour au camp, fut le sujet de toutes les conversations, les camarades lui offrirent une multitude de *gouttes*, et le général le cita à l'ordre du jour de l'armée.

Néanmoins, ces manifestations louangeuses ne le rassurèrent que médiocremeut sur ses mérites de sabreur et, tout en buvant à la santé des camarades, on l'entendit murmurer à plusieurs reprises :

— C'est égal... jamais je ne *digèrerai ce sabre*, vivrai-je cent ans !

Depuis, en effet, il conserva contre les Arabes une sourde rancune qu'il ne contenait qu'à grand'peine ; souvent il se disait :

— Je voudrais bien avoir ma revanche.

L'occasion ne tardera pas à s'offrir.

Deux Alsaciens, deux frères, ses amis, qui exploi-

---

(1) Cet épisode nous a été raconté par plusieurs olliciers du 2ᵉ chasseurs, témoins de l'affaire.

taient une ferme non loin de la frontière marocaine, l'invitèrent à venir passer quelques jours avec eux, à l'occasion de l'anniversaire de Sidi-Ferruch.

Il soumit la question à son capitaine et celui-ci lui accorda une permission de quatre jours ; mais une permission officieuse, qui ne devait pas figurer au rapport.

Il partit et le lendemain il fut reçu à bras ouverts par ses deux compatriotes — deux *martyrs défricheurs* — dont nous allons faire l'historique en traits sommaires avant de poursuivre ce récit.

Un malentendu, un *quiproquo* les avait amenés en Algérie.

— En Amérique, leur avait dit un Alsacien qui revenait de ce pays, en Amérique il y a, dans chaque centre de province, un *bureau de Colonisation* où se trouve le cadastre de tous les lots de terrains à vendre dans la province ; le cadastre porte en même temps le prix de chaque lot ; et les meilleurs ne reviennent pas même à dix francs l'hectare. Le colon qui veut acheter un lot n'a qu'à se présenter, choisir sur le cadastre celui qui lui convient et le payer ; le titre de propriété lui est immédiatement remis, et il est propriétaire de ce terrain comme s'il l'avait toujours possédé.

Au lieu du mot Amérique, nos deux Alsaciens entendirent ou comprirent, celui d'Afrique, ou peut-être crurent-ils que c'était un seul et même pays ; ils trouvèrent bon le système de vente et après avoir réalisé une somme de deux mille francs, qui constituait tout leur avoir, ils partirent pour Oran.

Le lendemain de leur arrivée dans cette ville ils se mirent à la recherche du *bureau de Colonisation* : tout le monde leur répondit qu'on n'avait jamais entendu parler de ce bureau.

Toutefois, on leur assura qu'il leur serait possible, avec des conditions données, d'obtenir une concession gratuite.

Cette assurance les remplit de joie.

Pauvres diables !

Ils allèrent trouver un agent d'affaires. Celui-ci se chargea de remplir les formalités nécessaires pour leur faire obtenir une concession de seize hectares.

— Vous l'aurez, leur dit l'agent d'affaires, je vous en donne ma parole d'honneur !... Seulement ce sera un peu long... On ne voyage pas en chemin de fer dans nos bureaux de *Colonisation*, comme vous les appelez !

Au bout d'un an, ils avaient dépensé tout leur argent et ils n'avaient pas la concession promise.

L'aîné des deux frères était veuf et avait une petite fille de douze ans, nommée Jeanne. Pendant qu'ils attendaient la concession, cette enfant était tombée malade ; elle avait été retenue deux mois au lit par une fièvre typhoïde. Ce qui avait considérablement contribué à leur ruine.

Un matin, ils se promenaient tristement au bord de la mer ; ils étaient découragés, anéantis.

Le plus jeune dit à l'aîné :

— Si nous nous jetions à la mer ?

— Je ne demanderais pas mieux, répondit l'autre. Mais Jeanne ?... Qu'est-ce qu'elle deviendrait, cette pauvre petite ?

— C'est juste !... Alors, il faut nous mettre domestiques ?

— Il le faudra bien, puisque nous n'avons jamais appris qu'à travailler la terre !

— C'est dur !... dirent-ils en même temps, d'avoir quitté son pays, traversé la mer, mangé son avoir, pour se faire domestiques !

Mais ils n'en vinrent pas là : quelques jours après, l'agent d'affaires leur remit le titre de la concession qu'ils avaient demandée et, comme ils avaient épuisé leurs ressources, il leur facilita un emprunt de trois cents francs sur billet, au taux de *trois pour cent par mois*, PAYÉS D'AVANCE.

Ils se mirent courageusement au travail. Cinq ans après, ils avaient mis quinze hectares de palmiers nains en pleine culture, et bâti eux-même une petite maison.

Mais le billet de trois cents francs avait fait de trimestre en trimestre, la boule de neige et s'était élevé à une somme supérieure à la valeur de la concession.

L'usurier les expropria ; mais comme il les avait vu à l'œuvre et qu'il les tenait pour de rudes travailleurs,

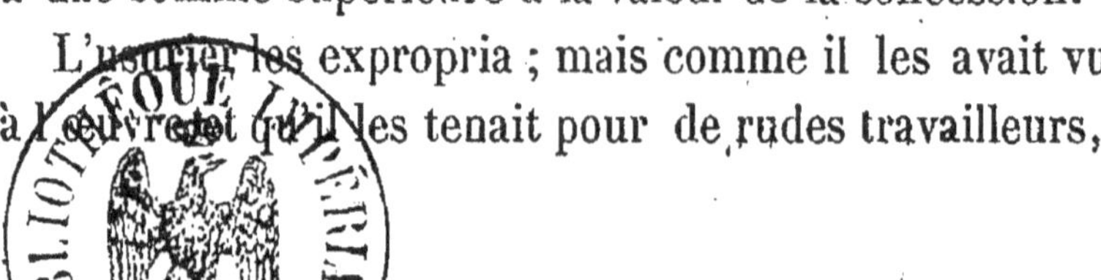

il leur loua la propriété, persuadé qu'ils en feraient une belle ferme.

C'est ce qui arriva et, bien qu'aux termes du bail il leur fut impossible de réaliser quelques bénéfices pour eux, cette phase de leur existence marqua comme un temps d'arrêt dans leur martyre.

Telle était leur situation lorsqu'ils reçurent la visite de Simon. Jeanne avait alors dix-huit ans.

La ferme se trouvait à cinq lieues environ de Tlemcen. Les trois Alsaciens allèrent passer la matinée de la fête dans cette ville ; puis, Simon ayant acheté un petit baril de vin, ils retournèrent à la ferme, où ils arrivèrent vers quatre heures du soir.

Jeanne avait déjà dressé la table, qui fut immédiatement occupée.

On but sec et longtemps ; on but à la santé de l'Alsace, à la santé de la France, à la santé de l'armée française en général et à celle du 2ᵉ chasseurs d'Afrique en particulier ; on but à la gloire de Sidi-Ferruch, à la prospérité de l'Algérie, enfin ils burent à leur santé, et peut-être qu'ils auraient bu à la santé du monde entier, si Jeanne n'eût dit à son père :

— Père, vous feriez peut-être bien de vous arrêter. Vous savez que les maraudeurs arabes viennent souvent rôder autour de la ferme... S'ils venaient à nous susprendre ?...

— Jeanne a raison, interrompit Simon ; allons nous coucher.

CHAPITRE III.

—

TROIS CONTRE DIX-HUIT, KIFF-KIFF

On alla se coucher. Jeanne seule se mit au lit. Les trois Alsaciens se jetèrent sur le foin. Deux s'endormirent et l'autre fit le guet. Les nuits se passaient toujours ainsi chez les colons de cette contrée.

On va voir que ce n'était pas sans raison.

Vers dix heures, celui qui faisait le guet s'écria brusquement :

— Attention !... j'entends du bruit au loin.

— Où sont-ils ? fit Simon en bondissant et encore à moitié endormi.

Le troisième se dressa aussi et en un clin d'œil ils furent sur pied, pleins de sang-froid.

Le bruit se rapprochait.

— Ce sont des maraudeurs arabes, dit le père de Jeanne, et ils sont nombreux...

— Bon! s'écria Simon, à moi le commandement!..
Et obéissez sans *jaboter*... je me charge du reste! —
Toi, dit-il au père de Jeanne, va faire cacher ta fille
dans le foin... au fond!...

Le père de Jeanne courut exécuter l'ordre de Simon.

Simon monta sur le hangar de la maison. Les maraudeurs n'étaient plus qu'à cent pas de la ferme. Ils
s'étaient arrêtés et se concertaient, parlant assez
bruyamment, indice de la certitude dans laquelle ils
étaient de raser la ferme sans coup férir.

Simon les compta et sauta dans la cour. Le père de
Jeanne était revenu.

— Ça va bien, dit rapidement Simon. Ils ne sont
que dix-huit... tout au plus. Trois Français contre dix-
huit Arabes, *kiff-kiff* (1)!... Dix pour moi, qui suis
chasseur d'Afrique, quatre pour chacun de vous, qui
êtes des *pékins*! — Vite un manche à pioche pour
moi... du bois dur!... et à vous autres les fusils! — Et
Jeanne? ajouta-t-il.

— Elle est en sûreté, répondit le père de la jeune
fille.

Les colons coururent prendre leurs fusils; Simon

---

(1) Les forces sont égales; expression tirée de la langue
arabe.

sauta sur un gourdin. Ce gourdin était en bois dur ! les brigands allaient en avoir la certitude.

La maison n'était garantie que par une palissade peu solide, formant la cour. Une porte était pratiquée au milieu.

Simon posta les colons chacun dans un recoin de la cour, l'un à droite, l'autre à gauche, et leur dit : — Au commandement de feu, FEU ! sans vous occuper de moi!

Il ouvrit doucement la porte, se cacha entre celle-ci et la palissade... et attendit.

Les maraudeurs étaient près de la ferme, causant très haut, espérant ainsi, paraît-il, attirer les colons au dehors et les assassiner plus sûrement.

Mais les colons ne bougeaient pas; les chiens seuls faisaient du bruit : contrairement à ce qui arrive assez fréquemment dans le *vol à l'arabe*, ils aboyaient avec furie, preuve certaine que les maraudeurs avaient dédaigné, cette fois, leurs ruses secrètes.

Enfin deux d'entr'eux se détachèrent du groupe et, après une hésitation assez longue, entrèrent dans la cour à pas de loup, regardant de tous côtés, excepté derrière eux.

Plus léger qu'un maître de danse, Simon sortit de son affût sur la pointe des pieds puis, tombant comme la foudre sur les bandits :

— Et d'un !... et de deux !... fit-il à voix basse.

Et les deux bandits tombèrent au contact du gourdin, en poussant un cri étouffé, et comme assommés par une massue.

Simon courut reprendre sa place.

On sait combien sont lâches les pillards arabes en présence du danger. Devinant ce qui venait de se passer dans la cour, toute la bande eut peur et fut sur le point de rebrousser chemin. Cependant, sachant que la ferme était très-bien pourvue en bétail et n'était défendue que par deux hommes (ils ignoraient l'arrivée du chasseur d'Afrique). Ils s'avancèrent en masse serrée, se poussant les uns les autres, criant, hurlant comme des forcenés, se battant ainsi les flancs pour s'encourager.

A leur approche, Simon fit trois bonds en arrière.

— Attention ! cria-t-il aux colons.

— Ça y est ! répondirent ceux-ci.

Les brigands se ruèrent sur la porte.

— Feu !... commanda Simon.

A l'instant quatre coups de fusil partirent à une seconde d'intervalle, et trois maraudeurs tombèrent. Néanmoins le reste de la bande, entraîné par l'impulsion donnée, envahit la cour.

Alors, dans cette solitude, il se passa un de ces drames indescriptibles, dont l'imagination seule peut se rendre compte, si l'historien ou le romancier a su exposer avec lucidité la mise en scène de l'action, et si le lecteur s'en est pénétré.

Ce que les brigands désiraient avant tout , c'était d'enlever les bestiaux. Cette cupidité servit à merveille les assiégés.

Cinq ou six maraudeurs s'étant précipités dans l'étable et le hangar, Simon et les deux colons n'en eurent plus qu'une dizaine sur les bras, et dès lors le gourdin de Simon put manœuvrer avec plus d'aisance.

Les coups pleuvaient comme grêle sur les échines Arabes. Mais qu'y a-t-il de plus dur qu'une tête ou une échine de maraudeur arabe ? Simon avait beau leur faire mordre la poussière : ils se redressaient toujours. Et au bout d'une demi-heure de cette lutte impossible, l'intrépide chasseur d'Afrique tomba à son tour. Ses adversaires se jetèrent aussitôt sur lui ; mais les colons, s'étant aperçus de ce revers, accoururent à son secours.

Fn ce moment même les autres voleurs se rendaient maîtres des bestiaux et les poussaient dehors à grands coups de bâtons.

Se voyant appuyé par les colons, Simon redoubla d'efforts et se dégagea des étreintes de ses agresseurs. Il bondit sur ses jambes et en même temps porta sa main à son oreille droite. où il ressentait une vive douleur.

Son oreille est absente ! du moins, en partie !

Un Arabe la lui a coupée en le mordant.

Simon pousse un jurement effroyable et, armé de son gourdin, se précipite vers les Arabes qui emmènent les bestiaux. Ce n'est plus un homme, c'est un tigre, mais un tigre doublé de lion, rugissant ces mots à chaque coup qu'il porte :

— Mon oreille!... une oreille de chasseur d'Afrique!... mangée par des Arabes!... Milliards de tonnerres!... ils ne la digèreront pas!...

Et en même temps il bondit d'un Arabe à l'autre, et il défonce des poitrines, et il casse des têtes et des bras et des jambes, et un Arabe à cheval, qui veut lui courir sus, voit son cheval assommé d'un coup de gourdin. Alors, croyant qu'ils ont à faire au diable, au *chaatam* en personne, les scélérats qui ont pu conserver leurs jambes se sauvent lâchement ; et Simon reste maître des bestiaux et du champ de bataille !

La victoire n'est pas moins complète dans l'intérieur de la ferme. Jeanne a entendu la voix de son père, râlant sous l'ongle des brigands ; elle comprend que le brave colon va être étranglé. Elle s'élance de sa cachette, détache les chiens, précaution à laquelle on n'avait pas songé dans le feu de la bataille, et, armée d'une fourche, se précipite avec eux sur les Arabes, lesquels, se sentant vigoureusement entamés dans toutes les parties charnues de leur corps, s'enfuient avec plus de rapidité encore que le reste de la bande.

Nous nous abstenons de parler des pertes que les assiégés firent subir aux assaillants dans ce siége héroïque, soutenu par deux colons, un soldat et une jeune fille, contre une vingtaine d'Arabes : on crierait à l'exagération.

Mais pour justifier la possibilité de ce qui pourrait être considéré ici comme une fantaisie de l'imagination, nous renvoyons le lecteur à la note inscrite sous le n° 1, à la fin de ce volume , c'est le résumé d'un drame qui s'est déroulé devant le conseil de guerre d'Oran.

CHAPITRE IV.

—

MON CONGÉ ET MA MASSE.

Il va sans dire que nos Alsaciens firent bonne garde
pendant toute la nuit. Mais ils n'avaient plus rien à
craindre pour le moment : les maraudeurs couraient à
pas précipités vers le Maroc.

Un peu avant le point du jour, Simon dit aux fermiers :

— Il ne faut pas que l'autorité me trouve ici, ni
qu'elle sache que j'y étais cette nuit. J'ai deux raisons
pour cela : la première, c'est que je suis censé être au
régiment ; et la seconde, parce que je n'ai plus qu'une
oreille. L'affaire pourrait aller devant le conseil de
guerre, et alors il me faudrait faire *voir* à tout le monde
l'oreille que j'ai perdue, et les camarades ne manque-
raient pas de se moquer de moi... ce qui me forcerait
probablement à me *tirer le plumet* avec tous les gas-
cons du régiment.

Puis, s'adressant à Jeanne, il ajouta :

— Jeanne, je n'ai plus qu'une oreille, mais j'ai encore mes deux bras... et ils sont solides ; si vous voulez les accepter *pour quand aussitôt que* je serai fermier, je vous les offre, avec mon cœur sur la main !

—Elle est à toi ! s'écria le père de Jeanne.

— Je ne demande pas mieux, dit franchement et tranquillement celle-ci.

On s'embrassa et Simon partit.

Simon fut congédié en 1854. Son mandat de masse s'élevait à qnarante-huit francs.

Il eût d'abord, — pour employer une expression reçue, — il eût d'abord l'idée de les boire ; tous les anciens camarades étaient de son avis. Mais on n'avait qu'un mandat, et un mandat payable seulement à quarante jours de date. On teint conseil. Le conseil était présidé par un brigadier de l'escadron , un vieux, qui avait voyagé. — Après mûre réflexion, on décida qu'il fallait aller traiter la question avec un « agent d'affaires à la petite semaine, » lequel faisait des avances sur toutes sortes de valeurs ; le brigadier devait porter la parole et servir de caution.

Heureusement, ils rencontrèrent sur leurs pas l'an-

cien capitaine de Simon. Ce capitaine avait pris sa re-
traite ; et, comme tant d'autres, s'était fait un peu
colon. A la vue de Simon, il s'écria :

— Voilà mon homme !

Il s'approcha de Simon, lui frappa amicalement sur
l'épaule et lui dit :

— Veux-tu être mon garçon de ferme ?... Je te
donne quarante francs par mois... pour commencer.
Tu mèneras la boutique comme tu l'entendras, et tu
pourras te rincer le *bec* tous les dimanches avec une
bouteille de *vieux*.

— Ça me va, mon capitaine, répondit Simon ; seulement je ne voudrais pas quitter les camarades sans
leur payer une *tournée*.

— Rien de plus juste.

— Oui, mais je n'ai que ça !

Il montrait le mandat ; le capitaine le prit, le mit
dans son portefeuille et donna cinq francs à Simon.

Le lendemain, Simon | prenait le gouvernement de
la ferme de son capitaine, située à un kilomètre d'une
ville assez importante que nous croyons devoir ne
pas nommer.

Trois mois après, Simon était à la tête de cent
soixante francs : cent vingt francs de gages et les
quarante francs de sa masse. Au lieu de les dépenser,

il acheta un lot de terrain à moitié défriché ; son capitaine lui permit de le travailler à temps perdu, et, en 1856, voulant rentrer en France, il lui afferma sa propriété.

Chacun sait qu'une *belle* récolte, en Algérie, compense trois années stériles, et qu'une *grande* récolte dépasse, eu égard à la population, toutes les proportions des contrées les plus fertiles de la terre. Pour un colon qui a eu les moyens et la chance de beaucoup ensemencer, une de ces récoltes exceptionnellement abondantes est vraiment un coup de fortune : c'est une *rafle* à la bourse.

Dans l'arrondissement de Mostaganem, plusieurs colons ont eu l'heureuse inspiration de tenter semblable opération cette année ; l'un d'eux, cotant tout au plus bas, a calculé qu'il doit lui rester trente mille francs de bénéfice net !

La récolte de 1857 fût des plus riches en céréales. Simon avait ensemencé sur une assez large échelle, de compte à demi avec des Kabyles laborieux, association qui lui fit oublier ses vieilles rancunes contre les indigènes.

L'on se tromperait fort, si l'on pensait que nous avons voulu dépeindre *tous* les arabes dans le type du *Maraudeur*, sur lequel nous aurons à revenir. Il y a parmi les indigènes, et c'est la grande majorité, d'honnêtes et laborieux cultivateurs, dignes en tout de s'entendre et de rivaliser avec nos colons.

Le maraudeur est une des plaies qui les frappent tout autant que nous.

A la fin de l'année, Simon se trouvait à la tête d'une fortune de quatre mille francs, tous frais payés.

En Algérie, un colon, tant soit peu intelligent, ardent au travail, déjà installé, qui possède quatre mille francs, ne devant rien à personne, peut se promettre un avenir certain. Simon le comprenait; il se faisait même illusion : il se voyait déjà à la tête de trois ou quatre cents hectares de terre en pleine culture.

Il est vrai que la chance le favorisait.

Son capitaine, un vieil Africain, se croyant tout jeune, quoique grisonnant et retraité, s'était marié, et sa femme, une Alsacienne, ne voulait pas venir vivre en Algérie. — Pauvre femme ! — Comprend-t-on une femme qui préfère les brumes du Rhin au soleil édennien de l'Algérie? Mais pardonnons-lui, car elle ne savait ce qu'elle faisait !

Le capitaine, dès lors retenu en France par une femme de si peu d'instinct, se décida à vendre sa propriété. Simon la lui acheta au prix de six mille francs. Il paya trois mille francs comptant ; le reste devait être soldé à la fin de cette année 1863, année fortunée, qui va relever bien des positions chancelantes et attester de nouveau par des faits incontestables la puissance du sol algérien. (1)

— Devenu propriétaire, Simon ne pouvait plus rester garçon.

Il n'avait pas oublié les engagements qu'il avait pris avec Jeanne, et s'il était resté jusqu'ici sans les remplir, c'est que le père et l'oncle de la jeune fille étaient morts dévorés par les fièvres et le désespoir, et qu'à la suite de ce malheur elle était rentrée en France.

Pouvant disposer de quelques fonds, il partit avec l'intention d'aller l'épouser et de la ramener en Algérie.

---

(1) Voir la note n° 2 à la fin du volume.

CHAPITRE V.

—

LES PAUVRES DÉFRICHEURS.

Pendant qu'il voyage, disons quelques mots encore du père et de l'oncle de Jeanne : ce sera comme une oraison funèbre que nous aurons prononcée sur la tombe de cent mille martyrs.

Un an après le jour où Simon rendit visite à nos deux alsaciens, l'usurier vendit sa ferme à des colons qui l'exploitèrent avec leurs propres forces. Les deux frères se trouvèrent donc réduits, pour la seconde fois, à chercher des moyens d'existence ; ils se firent de nouveau défricheurs.

Ils combattirent bravement encore pendant deux années sur cette brèche mortelle de la colonisation appelée le défrichement ; puis, le lendemain d'un jour où ils s'étaient endormis sous des lauriers roses, au bord d'un ruisseau, pendant que le *sirocco* soufflait ses flammes, ils furent frappés d'un accès pernicieux de fièvre qui les enleva en quelques heures.

Ainsi sont morts la plupart de nos premiers défricheurs !

Et comment ont-ils marqué leur passage sur cette terre, ces humbles et héroïques missionnaires ne la civilisation ?

Là où il y avait des chardons et des ronces, ils ont mis des moissons !

Là où il y avait des marais empestés, ils ont mis des jardins et des parterres !

Là où il y avait des eaux croupissantes et empoisonnées, ils ont mis des eaux limpides et bienfaisantes !

Là où il y avait un air méphytique, mortel, ils ont mis un air salubre et vivifiant !

Là où il y avait la mort, ils ont mis la vie !

Et ils sont descendus au cercueil, beaucoup loin des regards compatissants de leurs proches, et tous marqués au front par la couronne d'épines !

Mais le regard de Dieu les a vus ! Et ce regard est tombé aussi sur les usuriers infâmes qui se sont ligués avec la peste pour empoisonner et abréger la vie de ces martyrs !

Que votre mémoire soit à jamais bénie, colons défricheurs ! Car vos tombeaux sont devenus les premiers fondements de la colonisation africaine, car, par votre martyre, vous avez donné à la France tout un continant barbare à civiliser, et la France, qui est la nation des nations, qui porte dans ses flancs la civilisation du monde, ne faillira pas à sa glorieuse mission !

Terminons cette oraison funèbre par une apostrophe à l'adresse des usuriers qui dévorent les défricheurs.

Nous ne sommes pas de ceux qui voudraient réglementer le capital : nous croyons que le capital, — dans l'intérêt de la fortune publique, — doit être libre, *absolument* libre, et nous n'attendons guère l'anéantissement de l'usure, cette plaie qui ronge l'Algérie dans tout son corps, que de *l'organisation du crédit.* Mais nous sommes de ceux qui désireraient que Dieu marquât au front les usuriers qui prennent au défricheur son morceau de pain.

Manger le morceau de pain du défricheur !...

— C'est voler la ration du pauvre soldat exténué qui vient de combattre pour la patrie, pour la liberté, pour le monde !

Usuriers maudits, qui faites subir au défricheur, le

supplice de Prométhée, n'avez-vous pas été quelquefois brusquement réveillés par ce bruit :

— Toc ! toc !

Oui, ce bruit vous a souvent réveillés en sursaut. Vous ignoriez comment il s'était produit : vous ne saviez s'il venait, de la porte, ou de la fenêtre, ou du plafond, ou de votre lit, et pourtant, vous l'aviez entendu, parfaitement accentué.

Puis, un instant après, un frisson vous avait passé sur tout le corps.

Voici l'explication de ce mystère :

C'était l'âme d'un défricheur trépassé qui venait vous rendre visite.

Ce martyr se penchait sur votre face abjecte, et d'une voix que vous ne pouviez entendre, il vous disait ces paroles : ·

— Je suis un tel, défricheur, dont tu as déchiqueté la vie par trimestre ! — Tu m'as bien fait souffrir ! — Cependant je te pardonne, maintenant que je suis délivré... mais j'y mets pour condition, que tu renonceras à ton exécrable métier ! — Après les crimes de paricide et de traître à la patrie, il n'en est pas de plus grand aux yeux de Dieu que celui de manger le morceau de pain du défricheur !

Ainsi donc, usuriers, lorsque vous serez sur le point d'enfoncer vos serres dans la poitrine d'un pauvre défricheur, rappelez-vous ce bruit :

— Toc ! toc !!...

Je ne vous en dis pas davantage — aujourd'hui.

CHAPITRE VI.

—

LES BLÉS.

Simon eût le bonheur de retrouver Jeanne. A sa vue, celle-ci lui sauta au cou en lui disant :

— Je vous attendais !

Simon l'épousa aussitôt qu'il le pût et la ramena en Algérie.

En épousant Jeanne, Simon fut bien inspiré, car c'était bien la femme douce et laborieuse qui lui convenait, à lui, l'ancien chasseur d'Afrique, au teint bruni, à la barbe brouillée, aux formes brutales, mais doué au fond d'un cœur excellent.

Ce type est très-commun en Algérie, sauf quelques nuances dans le fond et la forme. Et ce serait assurément une étude fort intéressante que celle de suivre pas à pas, dans ses triomphes et ses défaillances, dans ses joies et ses angoisses, ce représentant du vrai colon

algérien, ce brave zouave du défrichement, travaillant
avec ardeur toute la semaine, passant une partie du dimanche au cabaret, y buvant sec, et quelquefois y faisant
du tapage — ce que je lui pardonne. — Mais ce n'est
pas ici le lieu de traiter cette question.

Passons sur les cinq ans qui séparent 1857 de 1863,
et transportons-nous à la ferme de Simon au trois mai
dernier.

C'était un dimanche. Il n'y avait à la ferme que Simon, sa femme et leur fils, âgé de quatre ans; le garçon, autre soldat congédié, qui faisait son surnumérà-
riat de colon auprès de Simon, était à la ville et ne devait rentrer que le lendemain.

Vers quatre heures, après le goûter, Simon dit à sa
femme :

— Allons un peu voir les blés.

Ils allèrent voir les blés, tenant leur enfant chacun
par une main.

Que les champs étaient beaux ! C'était   se mettre à
genoux.

Chemin faisant, Simon dit à Jeanne :

— Il manque encore un peu de pluie aux blés ; mais
il commence à tomber des gouttes. S'il pleut seulement

deux heures, nous aurons tant de grain, que nous ne saurons où le placer... Tout calcul fait, j'estime que s'il n'arrive pas quelque diable à notre récolte, à la fin de l'année nous aurons doublé notre avoir et payé le capitaine.

— Mais alors nous serons riches ? dit Jeanne.

— C'est tout de même fort extraordinaire qu'avec un tant soit peu de ressources, et un peu de chance, on puisse, dans ce pays-ci, faire fortune en travaillant la terre !

— Oui, mais il ne faut pas faire les fainéants !

— Pour ça, c'est vrai : il faut bucher,... et bucher dur !... Mais en France, on buche, aussi ! Et pourquoi faire ? pour crever de faim ! En France, un paysan finit comme il a commencé... et encore bien heureux !... — Sur mille, c'est tout au plus s'il en est un qui s'agrandisse d'un lopin de terre, après avoir sué pendant trente ans comme un massacre.

Simon regarda les nuages, qui venaient de l'Ouest et il ajouta :

— Le vent de la pluie a pris le dessus ; c'est une affaire finie : tout est sauvé !

L'émotion leur ferma la bouche. Ils éprouvaient un de ces moments de félicité que connaissent seulement ceux qui peuvent recueillir le fruit d'un travail, long, pénible et chanceux.

Ils arrivèrent ainsi au milieu des blés.

C'était un spectacle magnifique.

Ces milliards d'épis, vigoureux, présque égaux de taille, massés les uns contre les autres sur toute l'étendue de la plaine, se courbaient vers le vent en rayons immenses, formant comme de longues ceintures fuyantes qui entraînaient le regard au loin, puis se redressaient avec un ensemble admirable en soulevant une harmonie indicible.

On eut dit une multitude confinée de petits êtres frémissants de plaisir et remerciant le ciel de l'ondée bienfaisante que le ciel leur envoyait.

Simon dit à Jeanne :

— Ecoute le bruit que font les épis en se courbant et en se dressant.

— On dirait qu'on déplie de la soie.

Simon haussa les épaules avec dédain.

— La soie ! fit-il. Est-ce que toutes les soies de l'univers... et tous les trombonnes des régiments... et tous les chefs de musique de la terre seraient... capables de faire une pareille musique !

— On dirait vraiment que les anges vous soufflent dans les oreilles, ajouta Jeanne.

Il y eut un moment de silence. Simon et Jeanne étaient ravis. Si l'on veut voir ce ravissement briller dans l'œil du colon, on n'a qu'à le suivre aux champs, quand la récolte est belle, quelques jours avant la moisson.

— Jeanne ? demanda tout à coup Simon avec un accent étrange,

— Quoi ? répondit Jeanne.

Au lieu de parler, Simon détourna la tête.

— Que voulais-tu dire ? reprit Jeanne.

— Attends un peu... laisse moi me remettre... j'ai le gosier et la langue tout sans dessus dessous.

Simon ressentait les ébranlements intérieurs qui précèdent les larmes, et il en était tout honteux. Il est vrai que jamais larme n'avait mouillé ses yeux.

Jeanne, aussi émue que surprise, le regardait en silence.

Au bout d'un moment, il reprit d'une voix mal assurée :

— J'avais toujours vu les choses aller tant de travers... que je doutais qu'il y eût un bon Dieu... Maintenant je suis sûr qu'il y en a un !

— Qui donc aurait fait le monde, si Dieu n'existait pas ? dit Jeanne avec une certaine expression de reproche.

Ils se turent encore, comme réduits au silence par une émotion profonde ; puis, d'une voix mal assurée et d'un ton qu'un cynique eût trouvé burlesque, mais qui avait quelque chose de sublime, l'ancien chasseur d'Afrique murmura:

— Jeanne ?... tu sais dire la prière, toi ?

Jeanne, trop émue pour répondre, regarda Simon
d'un air qui voulais dire : — Tu me la vois faire tous
les jours.

— Eh bien !... dis-là !...

Simon jeta brusquement son chapeau à terre et se mit
à genoux; Jeanne s'agenouilla aussi et, après avoir fait
agenouiller leur enfant, elle commença :

— NOTRE PÈRE QUI ÊTES AUX CIEUX...

Mais elle ne put aller plus loin : le bonheur l'étouf-
fait.

Le reste de cette divine et simple prière, prière éternelle, qui promet à l'humanité entière son pain quoti-
dien, et la seule ordonnée par le Christ, le reste de
cette prière s'acheva au fond de leur cœur.

Ils étaient si émus, qu'ils revinrent des champs sans
ouvrir la bouche; mais en rentrant à la ferme, Simon
dit à Jeanne :

— Allons voir les bêtes.

Ils entrèrent dans l'étable. Il y avait un cheval, une
vache et un veau; quelque temps avant, Simon avait
vendu ses deux bœufs de labour, se proposant d'en
acheter deux autres plus forts.

Simon s'approcha du cheval et lui passa trois fois la
main sur la croupe, depuis le haut de la tête jusqu'à
l'extrémité de la queue, en disant à Jeanne :

—Quelle magnifique bête ! C'est moi qui l'ai *faite*...

Jeanne sourit à ce mot vrai, profond, qui exprime l'orgueil légitime de l'éleveur, et sur lequel nous aurons à revenir.

— Oui, *faite*! insista Simon, c'est moi qui l'ai *faite*!.. C'est bien le mot! — Ne me vois-tu pas du matin au soir, depuis six ans autour de cette bête, la bouchonnant, la ratissant, la choyant, la caressant, la travaillant, enfin? — Ça donne du mal, il est vrai, mais quel plaisir on éprouve aussi!... Ma parole, je suis aussi fier de cette bête, que si j'étais devenu Chal-gi-chef! (1)

Vois le jarret, ajouta-t-il en palpant la jambe du cheval.

— Oh! c'est vraiment un bien joli cheval, dit Jeanne.

— Joli! fit Simon en haussant les épaules avec un sentiment d'orgueil immense. Joli... et solide surtout... un cheval qui fait quatre lieues à l'heure sans suer pas plus que mon genou!... La remonte m'en offre 650 francs, mais j'en aurai sept cents!

— Tu veux le vendre!

— Ça me tordrait, si je le voyais sortir d'ici!.. Mais sept cents francs sont bien jolis, aussi!

— Si nous pouvons nous passer de cet argent, gardons le cheval.

— Eh bien! oui; si je voulais le vendre, empêche m'en... fais les cent coups... ça m'arrêtera.

---

(1) Maréchal-des-logis chef.

Jeanne fit un signe d'assentiment.

Simon s'approcha du veau, retenu à la crèche par une forte chaine en fer.

— Touche ces côtes, dit-il à Jeanne en palpant le veau; ça va faire le plus beau bœuf de la province... je le mènerai au *congrès*.

— Au concours ? veux-tu dire.

— Concours... congrès... appelle-le comme tu voudras !...

Simon se disposait à sortir.

— Tu ne dis rien à Cornarde? lui dit Jeanne avec reproche en désignant la vache.

— Ah ! c'est vrai.., j'avais tort.

Simon voulut chatouiller Cornarde, mais Cornarde avrit compris l'oubli de Simon, — une vache, la bête du bon Dieu ! comprend tout ce qui se passe dans le ménage, même sans qu'elle en soit témoin oculaire, — Cordarne, disons-nous, indignée de l'oubli de Simon, faillit lui enfoncer sa corne quelque part.

— C'est drôle, fit observer Jeanne, que le lait de Cornarde soit meilleur que celui de beaucoup d'autres !... tout le monde veut de mon beurre... D'où cela provient-il?

Simon ne sut que répondre, mais comme l'explication de cette particularité intéresse au plus haut point les colons, en l'honneur de qui cette petite histoire est écrite, nous répondrons pour Simon.

CHAPITRE VII.

—

LA BÊTE DU BON DIEU.

Il est nécessaire d'abord de tracer la physiologie de la vache, en traits sommaires toutefois, sa physiologie complète exigeant au moins un volume.

Dans beaucoup de contrées, les fermiers, pour témoigner à la vache toute la reconnaissance qu'ils lui doivent, l'ont surnommée *la bête du bon Dieu*.

Elle mérite cette gracieuseté à tous égards.

La vache, en effet, est l'être qui rend le plus de services au monde ; elle est en même temps la bête la plus sensible, la plus sensitive de la création.

Elle est l'âme d'une ferme : ce qui se passe de bon ou de mauvais dans la ferme, chez le fermier et sa famille, a son contre-coup en elle ; c'est-à-dire que si l'on est heureux dans la ferme, elle est heureuse, et si l'on y souffre, elle souffre.

Enfin, elle donne d'autant plus de lait et son lait

est d'autant plus substantiel , savoureux et délicat,
qu'elle est plus heureuse et que la femme qui la trait
a un meilleur caractère et s'occupe plus attentivement
de son intérieur et de son mari.

Les conséquences incalculables que ces dispositions
extraordinaires peuvent avoir sur l'existence des colons
sautent aux yeux.

Que le chef de la communauté, c'est-à-dire le mari,
soit ce que l'on appelle un *brave homme*, laborieux, ai-
mant ses enfants, ayant pour sa femme tous les égards
qui lui sont dûs, et que la femme de son côté, soit une
de ces excellentes ménagères qui trouvent leur plaisir
à rendre leurs maris contents, qui savent les laisser se
distraire quelque peu au café et les empêcher de trop
s'y adonner, qui tiennent leurs enfants et la maison le
plus proprement possible, tout en surveillant les mille
petites choses qui rentrent dans leurs attributions ;
bref, que la paix et la gaîté soient dans le ménage : la
vache vous verse son lait à plein sceau, et son lait
est tout crême, et ses fromages sont délicieux, et son
beurre est exquis : tout le monde en veut ! — Et les
pièces de dix sous pleuvent chaque matin dans le tablier
de la ménagère, et à la fin de chaque année on s'agran-
dit d'un coin de terre.

Je connais plus de trente vaches qui ont ainsi fait la
fortune de leurs maîtres.

Mais que le mari, le chef de la communauté, soit un brutal, un ivrogne, battant sa femme et ses enfants et intentant des procès à ses voisins : adieu le laitage ! La vache souffre, et alors ses tétines se tarissent, ou ne rendent plus que très peu de lait ; et le lait est insipide, un rien le fait aigrir ; le fromage est sans goût et le beurre est détestable : on dirait du beurre de bédouin !

Il faut remarquer que lorsque le mari est un vaurien, le désastre se produit également, lors même que la ménagère serait une fort bonne femme à laquelle la vache s'intéresserait beaucoup. La pauvre bête n'y peut rien, et c'est bien à tort qu'on lui reproche de *retenir* son lait. Le chagrin la dessèche fatalement ; c'est plus fort qu'elle : il n'est pas plus possible à une vache qui voit le désordre dans le ménage, de donner de bon lait, qu'à une mère de rire lorsqu'elle voit son enfant en proie à des convulsions.

Mais le mal est bien plus grand encore, quand le désordre de l'intérieur vient de la ménagère, lorsque celle-ci est une de ces coquines endiablées qui font enrager leurs maris du matin au soir, qui les brouillent avec Pierre, avec Paul, qui les poussent dans des procès ruineux, et qui négligent leurs enfants et leur intérieur pour aller promener d'une maison à l'autre le venin de leur langue. Oh ! alors, ce n'est plus du lait que cet être malfaisant tire de sa vache : c'est du poison, et de la pire espèce.

Et malheur à ceux qui en font usage !

On assure que le café au lait exerce sur la santé des femmes une action funeste. Je ne dis pas le contraire. Mais entendons-nous. Ce n'est pas le café au lait en lui-même qui a cette propriété pernicieuse : le bon café et le bon lait, additionnés l'un à l'autre, forment un déjeûner qui peut rivaliser avec le meilleur chocolat; mais ce qui fait un poison de ce mélange, c'est l'emploi du lait tiré par ces mauvaises ménagères qui désespèrent leurs maris et les poussent à leur ruine au lieu de les encourager.

Après ce que nous venons d'exposer, il est inutile d'insister, pour faire comprendre aux colons l'intérêt immense, incalculable, qu'ils ont à élever une vache et à faire bon ménage.

Sans exagérer, on peut porter au moins au double le rendement de la vache après un an d'exercice de ce régime, recommandé d'ailleurs par la morale et la religion, et au triple au bout de la seconde année.

Assurément une pareille éventualité mérite bien d'être prise en considération, surtout quand on a, comme beaucoup de colons, tant de peine à joindre les deux bouts.

Souvent, hélas! pour satisfaire aux exigences forcées du porteur de contraintes, les malheureux se voient condamnés à emprunter cinquante francs au 5 0|0, par mois, ce qui les conduit quelquefois dans l'abîme.

Or, maintenant qu'ils en connaissent le gisement, ne seraient-ils pas bien coupables, les colons qui dédaigneraient d'explorer cette mine, qu'ils ont là, dans leur maison, sous la main?

Toutefois, il est bon de les prévenir que ce n'est point au bout de quinze jours, ni de trente, qu'il verront le prodige s'opérer. Une vache ne revient pas du soir au lendemain d'une maladie de langueur causée par des chagrins domestiques ; pour qu'il y ait une amélioration sensible dans son état, il faut que la paix soit dans le ménage depuis un an au moins.

Ainsi donc, braves colons, essayez de ce régime : si après une année d'exercice vous ne vous en trouvez pas très-satisfaits, je consens à tout, même à passer pour un admirateur de Dumolard,—ou du polonais Violopski, ce qui serait pour moi le comble de l'opprobre.

Ce phénomène, que la vache donne plus ou moins abondamment de lait selon qu'elle est traitée avec plus ou moins de douceur, selon qu'elle vit dans un milieu plus ou moins paisible, est connu du monde entier.

personne ne le contestera. Mais il n'en sera pas de même quant aux facultés sensitives dont nous la disons douée.

Pourtant la théorie de l'analogie affirme tout aussi rigoureusement ce dernier phénomène que le premier, lequel n'est que la conséquence du second. Malheureusement cette théorie n'est pas encore très-répandue, et ce n'est pas dans un cadre aussi restreint que celui-ci qu'il serait possible de la développer, d'en donner même un aperçu.

Mais, dans la question qui nous occupe, on peut, à défaut de théorie, arriver par l'observation à des démonstrations parfaitement concluantes.

Examinons, par exemple, la vache au sein de la société arabe.

Si les facultés sensitives de la vache sont telles que nous l'avons affirmé, dans un milieu social où la femme est méprisée, avilie, flétrie à quinze ans, décrépite à vingt, la pauvre bête ne doit plus être que l'ombre difforme de son type primitif. l'ombre de cette splendide vache aux larges flancs, aux riches mamelles, au poil luisant, aux cornes lisses et majestueusement arquées, au muffle soyeux, au mugissement sonore et harmonieux, au regard doux et sympathique.

Eh bien ! allez la voir autour des douars, la pauvre bête, cheminant d'un pas lent et accablé à travers les

ronces et les palmiers nains, et dévorant quelques res-
tes de chardons, que le soleil n'a pas encore entièrement calcinés.

Que reste-t-il de la vache primitive, de la *bête du
bon Dieu*, dans ce corps rachitique, dans ces jambes
cagneuses, dans ce dos éreinté, dans ce poil en brosse,
sec, terne et sale, dans ces cornes rabougries, ru-
gueuses comme l'écorce d'un tronc d'arbre mort, dans
ce mugissement fêlé, poussif, enrhumé, dans ce regard
dolent et sombre ?

Hélas ! il en reste ce qu'il reste de la femme dans
la femme arabe !.....

Après un exemple aussi saisissant, toute argumen-
tation en faveur de notre proposition ne serait-elle pas
superflue ?

Ah ! pauvres vaches indigènes ! qui donc pourrait
nous dire les angoisses, les tortures que vous endurez
depuis des siècles, en voyant ces malheureuses femmes
arabes croupir sous la tente infecte du douar ? qui pourrait nous dire ce que vous souffrez surtout, lorsque le
soir, vous les voyez revenir des champs, portant un ou
deux enfants sur le dos et un fagot de bois sur la tête,
tandis que leurs maîtres se prélassent stupidement à
côté d'elles sur l'âne ou le cheval de la tente ?

Ce qui rend plus poignante encore la tristesse dont
la vache indigène est frappée, c'est qu'elle sait parfai-

tement que la race arabe est douée de toutes les apti-
tudes que Dieu a départies aux races européennes, que
sa décrépitude et son affaissement séculaires, ne
sont qu'accidentels, momentanés, et qu'elle se re-
lèvera peu à peu au contact, au frottement de la civilisation européenne.

Aussi quels tressaillements d'allégresse les pauvres
bêtes ressentirent le jour où le canon français vint
tonner sur la plage de Sidi-Ferruch !

Du Caire à Ceuta, des rivages de la mer jusqu'au
fond de l'Atlas, toutes poussèrent le même mugissement de joie.

Et certes, elles avaient bien lieu de se réjouir, car le
bruit du canon français fit éclore au sein de leurs dé-
serts une voix mystérieuse, qui, emportée par un courant électrique, s'en alla de l'une à l'autre leur dire à
l'oreille ces consolantes paroles :

Réjouissez-vous, compagnes tutélaires des foyers
champêtres, car voici l'armée de la grande nation, de
la nation qui combat pour la liberté du monde, de la
nation tutrice, qui répend sa lumière sur toute la terre
et qui secoue ses sœurs pupilles engourdies dans le
servage et la barbarie !

Réjouissez-vous, car les hordes de brigands et les
nuées de sauterelles qui ravagent votre belle contrée
depuis tant de siècles, vont s'évanouir et céder la place

à des essaims de colons intelligents, laborieux et intrépides!

Réjouissez-vous, car vos plaines et vos monts désolés vont se couvrir d'une immense nappe de verdure, vos palmiers nains et vos broussailles se transformer en orangers, en citronniers, en bananiers, en pommiers, en poiriers et en toutes sortes d'arbres fruitiers !

Réjouissez-vous, car votre contrée privilégiée, destinée par Dieu à être le jardin d'acclimatation de tous les produits particuliers aux diverses contrées de la terre, sera rendue à sa destination première, et deviendra le caravensérail splendide de la colonisation africaine !

Réjouissez-vous, car il viendra un temps où l'Arabe, sans qu'il soit nécessaire de le convertir par la violence, quittera de lui-même le foyer impur où il se procrée et s'élèvera à la famille chrétienne, égalitaire, qui est la famille éternelle !

Réjouissez-vous, car alors le douar se transformera en cité et le conseil municipal succédera au califat, à l'agha, au caïd, au chaouch et à son bâton !

Réjouissez-vous, car alors — au grand contentement de ce pauvre peuple arabe — le tribunal remplacera le medjeles!

Réjouissez-vous, car alors ce pauvre peuple sera administré et jugé avec sagesse et ne sera plus *mangé* !

Réjouissez-vous enfin, car alors la race arabe prendra place au banquet de la vie, les émigrants et les indigènes ne formeront plus qu'un seul et même peuple, et vous, compagnes tutélaires des foyers champêtres, vous pourrez rivaliser de fraîcheur, d'embonpoint et de vertu avec les plus belles vaches de la Suisse et de la France !

Ainsi soit-il !

Depuis qu'elles ont entendu ces riantes prophéties, les vaches indigènes en attendent la réalisation avec une impatience fiévreuse, et on peut dire que c'est avec un désespoir des plus amers qu'elles voient la lenteur avec laquelle elles s'accomplissent.

Ce qu'il y a surtout de fort triste, dans tout cela, pour elles, comme pour tous ceux qui croient à la prospérité rapide de l'Algérie et qui la désirent ardemment, c'est de voir qu'il se trouve parmi nous des gens qui font des efforts inouïs pour empêcher que ces prophéties ne se réalisent, et qui, sous prétexte que l'Algérie appartient aux indigènes, voudraient laisser cette malheureuse race dans sa misère et sa décrépitude.

Il y avait une fois un empereur de Russie qui faisait couper la tête à ses sujets sous prétexte de leur apprendre à vivre ; Saturne, a dit le grand *Toussenel*, dévorait ses enfants sous prétexte de leur conserver un père ; aujourd'hui nous voyons des hommes qui voudraient abandonner l'Algérie et les indigènes à eux-mêmes sous prétexte que celle-là appartient à ces derniers, vu leur qualité de premier occupant. — Ce qui revient à dire qu'il faudrait laisser la race arabe dans l'abîme de misères où elle croupit, sous prétexte que cet abîme de misères lui appartient en sa qualité de premier occupant.

Quelle dérision !

Assurément la formule de Malthus est la conception la plus exécrable qui soit sortie du cerveau de l'homme, et la mémoire de cet Anglais restera sans doute éternellement flétrie par la conscience humaine.

Pourtant Malthus a encore un mérite, si ce mot et le nom de cet homme peuvent aller ensemble, c'est celui de la franchise.

« Au banquet de la vie, dit-il aux déshérités, il n'y a pas de place pour vous ; vous êtes de trop sur la terre : retirez-vous ! »

C'est affreusement brutal, mais ce n'est pas hypocrite.

Ah ! le cœur se serre, quand on songe que l'histoire devra écrire dans les annales de l'Algérie que des Français ont outre-passé dans l'abomination la doctrine de Malthus !

Revenons à Simon et à Jeanne. Cornarde n'avait jamais vu Simon et Jeanne se disputer, et encore moins se battre ; elle avait bien quelquefois entendu Simon jurer assez bruyamment ; mais elle savait que ces emportements ne partaient point du cœur, qu'ils étaient seulement sur les lèvres, dans la forme ; d'ailleurs, elle n'ignorait pas qu'un ancien du 2me chasseurs d'Afrique ne saurait parler comme une jeune religieuse.

D'un autre côté, quand Jeanne trayait Cornarde, elle avait pour celle-ci des attentions si délicates, que la bonne vache ne pouvait plus détourner son regard reconnaissant de la tête de Jeanne ; et ce regard était parfois si expressif, que Jeanne, profondément émue, s'arrêtait, les yeux fixés aussi sur ceux de Cornarde, et murmurait avec étonnement :

— Pauvre bête ! Ne dirait-on pas qu'elle veut me parler ?

Et alors Cornarde levait la tête jusqu'au haut de la crèche et poussait un tel mugissement de joie, que la ferme en était ébranlée depuis la toiture jusque dans ses fondements, et ses tétines versaient des cataractes de lait.

Et voilà pourquoi le beurre de Jeanne était délicieux ; et voilà pourquoi tout le monde en voulait.

Simon qui, avons nous dit, ignorait ce mystère, ne sut que répondre et sortit en souriant.

CHAPITRE VIII.

—

MON CHEVAL.

Il était presque nuit. Jeanne alla mettre la table , et Simon , selon son habitude, visita minutieusement le rez-de-chaussée , la grange , le hangar et l'écurie. La famille habitait au premier, seul étage de la maison. Simon avait deux chiens, croisés de barbet et de boule-dogue ; ces deux chiens entraient en fureur à l'approche de tout étranger ; la vue d'un Arabe surtout, même à une très grande distance, les rendait furibonds, Simon les détacha, en enferma l'un dans l'écurie et laissa l'autre errer librement dans la cour, qui entourait la façade de la maison ; puis , ayant fermé toutes les portes et pris les clés sur lui, il monta au premier et se mit à table , entièrement rassuré contre les maraudeurs.

Un colon qui habite une ferme isolée ne doit pas, ainsi que le fit Simon, se contenter d'inspecter l'intéieur de son habitation , il doit surtout en examiner l'extérieur avec le plus grand soin. S'il avait eu cette précaution, Simon aurait aperçu au bas du mur de derrière un petit amas de bribes de buissons desséchés qui n'avait pas été placé là par lui ; en dispersant d'un coup de pied cet amas de broussailles, il aurait vu qu'il reposait sur un tas de terre fraîchement remuée, et que ce buisson et ce tas de terre avaient été placés là pour dissimuler un trou qui avait été pratiqué dans le mur donnant dans l'écurie, mais qui n'y avait point encore abouti ; et alors, il aurait échappé au désastre dont il était menacé.

L'imprudent n'eut pas plutôt éteint la lumière de sa chambre à coucher, que quatre hommes, entièrement nus, sortirent un à un d'un champ d'orge voisin, très touffu : C'était quatre maraudeurs de profession. L'un d'eux portait un paquet de vêtements ; un autre tenait à la main une vessie pleine de fiel de hiène. Lorsqu'ils furent réunis , ce dernier versa quelques gouttes de ce fiel dans le creux de sa main et s'en frotta le corps de la tête aux pieds, ses compagnons en agirent de même, puis tous se dirigèrent vers la ferme.

A leur approche, les chiens, qui avaient jusqu'ici aboyé avec furie, ralentirent leurs aboiements, et un observateur attentif eut pu remarquer que leurs voix avaient quelque chose d'effrayé.

Quand les maraudeurs furent arrivés tout près de la maison, ils jetèrent dans la cour, par dessus le mur, un morceau de linge imbibé de fiel de hiène, et à partir de ce moment les chiens gardèrent le silence le plus absolu.

Alors trois des maraudeurs se détachèrent de celui qui portait les vêtements et coururent au trou dont nous avons parlé ; s'aidant de couteaux et de pinces, ils élargirent le trou et creusèrent le mur avec une telle rapidité que deux heures après ils étaient dans l'écurie. Ils en ouvrirent la porte en levant l'arc-boutant intérieur, ouvrirent de la même manière celle de la basse-cour et introduisirent le quatrième maraudeur. Ils enveloppèrent rapidement les pieds du cheval et ceux de la vache de lambeaux, de chiffons et les firent sortir pas à pas et sans bruit. Restait le veau, retenu à la crèche par une chaîne en fer cadenacée : reconnaissant l'impossibilité de le détacher, l'un des brigands lui asséna un coup de marteau sur la nuque et l'abattit ; la pauvre bête ne poussa qu'un faible mugissement. Les bandits le décolèrent en un instant et emportèrent le corps, laissant la tête sur place (1).

Simon et Jeanne se levèrent entre trois et quatre heures du matin.

---

(1) Pareil fait eut lieu à Relizane en 1859.

Jeanne prépara le café, Simon s'assit près de la fenêtre et se mit à faire sauter son enfant sur ses genoux.

Au bout d'un moment, il dit à Jeanne :

— J'ai fait un drôle de rêve ; veux-tu que je te le raconte ?

— Raconte-le.

— J'ai rêvé que mon cheval était une jument et qu'elle avait fait autant de poulains qu'elle avait de crins à la crinière... Il y en avait de ces poulains !... Il y en avait!... Il y en avait !...

Jeanne éclata de rire.

Simon continua :

— Là-dessus on est venu me dire que mon capitaine avait été pris par Abd el Kader... Et que si je voulais donner tous mes poulains, Abd-el-Kader rendrait mon capitaine. Cette nouvelle m'a passablement *tarabusté*... D'abord, ça me serrait le cœur de savoir mon capitaine entre les pattes d'Abd el Kader... Ensuite, voir tous mes beaux poulains s'en aller chez les Arabes !... Mais je n'ai pas hésité longtemps. J'ai dit :

— Prenez mes poulains et rendez-moi mon capitaine. Alors, tout d'un coup, mon capitaine s'est présenté devant moi. Il a pris mes deux mains dans les siennes en me disant : — Simon, tu as mauvaise tête, surtout quand tu as bu un coup de trop, mais tu as un bon cœur... Simon, je te remercie !

Il m'a dit ça d'une façon qui m'a fait tant de bonheur, que je me suis réveillé !...

— Ce rêve est bien un rêve, fit observer Jeanne, puisque le capitaine est en France et qu'Abd el Kader a été pris depuis longtemps.

Simon se mit de nouveau à faire sauter son enfant sur ses genoux.

Puis, un moment après :

— Jeanne, il me vient une idée, en ce moment.

— Laquelle ?

— Je me dis que si nous faisions encore trois récoltes comme celle de cette année, nous serions assez riches pour pouvoir envoyer notre petit au collége, et qu'alors il serait bien possible qu'un jour il devint maire de la ville !

— Que tu es bête ! objecta Jeanne en riant.

— Bête ? qu'y a-t-il donc là de si bête ?... Monsieur X..., qui était brigadier du train, l'est bien devenu !

En ce moment Jeanne apporta un bol de café à Simon ; elle mit ensuite la tête à la fenêtre et jeta machinalement un regard dans la cour. Aussitôt elle pâlit, un cri étouffé sortit de sa poitrine, et elle resta immobile, la respiration comme suspendue.

— Q'as-tu donc ? demanda vivement Simon.

— On dirait que la porte de la cour est entr'ouverte, murmura-t-elle.

Simon bondit à la fenêtre en s'écriant :

— J'ai fermé la porte moi-même, et les clés sont là..

La porte était en effet entre-baillée.

Simon laissa tomber son bol et se précipita dans la cour, franchissant les escaliers en deux enjambées. En arrivant devant la porte de l'écurie, il s'arrêta court, les dents serrées, les bras tendus, les poings crispés, et murmurant avec un accent étrange :

— Tonnerre !... Si l'on m'avait volé ! Les chiens n'ont rien dit pourtant !

Il sauta plutôt qu'il n'entra dans l'écurie.

Plus de cheval ! Plus de vache ! Du veau, il ne restait que la tête, baignant dans une mare de sang !... Et le chien la léchait !

A la vue de ce malheur, Simon resta immobile, saisi ; pendant quelques secondes, puis il se fit dans sa bouche et dans son gosier un bruit sourd, — comme une sorte de grincement et de rugissement étouffé, — bruit horrible, qui monta jusqu'aux oreilles de Jeanne et lui broya le cœur.

Les jambes manquèrent à la pauvre femme ; elle s'assit sur une chaise et attendit. Elle attendit, comme une mère qui, voyant son enfant entouré par les lueurs de l'éclair, attendrait les éclats de la foudre.

Après cette seconde, ce siècle d'angoisses, elle entendit crier :

— Mon cheval !... mon cheval !... mon cheval !...

Cette voix, qui était celle de Simon pourtant, avait quelque chose d'affreux.

Puis, avec un autre accent, avec cet accent étrange, effrayant, que l'on n'entend que dans les maisons d'aliénés, Simon ajouta :

— Ah !... la tête me saute !!!

En quelques bonds furieux, il remonta au premier, renversa sa femme en la heurtant comme il aurait heurté un meuble, s'empara d'un fusil à deux coups suspendu au mur, redescendit à la cour avec la même furie et tira à bout portant dans la tête du premier chien, en criant :

— Mon cheval !

Il courut à l'autre chien et l'abattit de même en criant encore :

— Mon cheval !

Et après, il s'élança à travers champs en criant toujours comme un forcené :

— Mon cheval ! mon cheval !...

Le malheureux était fou furieux.

Jeanne se traîna péniblement jusqu'à la ville et raconta la catastrophe qui venait de la frapper. On se mit en toute hâte à la recherche de Simon. On le trouva courant dans les champs après des fantômes que son cerveau en désordre lui créait. Il croyait voir des voleurs entraînant son cheval : il les interpellait, les suppliait, les menaçait, les ajustait avec son fusil vide et faisait le mouvement de tirer en criant :

— Brigands ! voulez-vous lâcher mon cheval !...

On se saisit enfin de lui ; on le désarma et on lui lia les bras. Mais comme il était doué d'une force herculéenne, et qu'il se débattait toujours avec frénésie, quatre hommes vigoureux durent le porter à la ville.

Jeanne courut au-devant de lui. A la vue de Simon ainsi garotté, son désespoir lui rendit toutes ses forces et toute son énergie.

— Laissez-le ! dit-elle aux hommes qui le maintenaient. Laissez-moi lui parler... je le calmerai !

Ceux-ci remirent Simon sur ses jambes, tout en le retenant fortement.

Alors il se passa une scène atroce.

Simon se débattait, écumait en répétant sans cesse, d'une voix brève, sourde, qui n'avait plus rien d'humain :

—Mon cheval ! mon cheval !

Et Jeanne, soulevée sur la pointe des pieds, et les yeux sur les yeux de Simon, lui disait :

— Simon !... calme toi !... c'est moi.... c'est Jeanne !... oublie ton cheval !... nous en trouverons d'autres !

Et Simon, l'œil hagard, lançant des jets d'écume sur le visage de Jeanne, répétait toujours :

— Mon cheval !

— Simon ! insistait Jeanne, joignant les mains avec un désespoir suppliant, Simon !... C'est moi !... C'est Jeanne... regarde-moi... mon ami !...

— Mon cheval !..,

— Simon ! au nom du ciel ! regarde-moi !...

— Mon cheval !...

Jeanne tomba raide.

Elle fut transportée dans une maison amie et revint bientôt à elle. Sa première parole fut pour Simon ; mais Simon était déjà à l'hôpital, et l'on fit comprendre à la pauvre femme que, dans l'intérêt de Simon même, elle ne pourrait le revoir que le lendemain.

Le lendemain matin, Simon était mort : une congestion cérébrale l'avait emporté.

Dans l'esquisse que nous venons de tracer, du caractère de Simon, nous craignons d'être resté au-dessous de notre tâche : c'est-à-dire de n'avoir pas fait ressortir en traits assez saillants tout ce qu'il y a de noble sous la rude écorce de ce colon, l'un des types les plus intéressants qu'ait produit l'Algérie.

Nous allons essayer de réparer notre faute.

Des perturbations cérébrales, des crises terribles, mortelles, semblables à celle qui venait de briser, tout d'un coup, comme par un coup de foudre la vie de Simon, sont trop souvent la suite d'une catastrophe, d'une commotion morale, pour qu'il soit nécessaire de justifier la vérité du fait que nous venons de raconter ; mais tout le monde n'en aura pas vu la cause là où nous la trouvons. Ainsi, par suite de l'insuffisance que nous venons de confesser, peut-être plus d'un lecteur aura-t-il attribué le désespoir insensé de Simon *à la perte matérielle* de ses bestiaux.

Ce serait à notre avis, méconnaître le caractère de ce colon.

Le désespoir qui venait de foudroyer Simon, n'était pas le désespoir d'un Harpagon qui a perdu ses trésors : c'était le désespoir d'un artiste à qui l'on a volé son œuvre de prédilection, œuvre de son travail, de son esprit, de sa patience, de son amour.

Sous des manifestations plus rudes, moins éclatantes, souvent insaisissables, invisibles pour l'œil indifférent, le sentiment artistique se retrouve chez *l'éleveur* comme chez le peintre, le poète, le sculpteur, l'horticulteur, comme chez toute intelligence qui crée une œuvre quelconque, ou qui élève le sujet brut que donne la nature, — le sauvageon par exemple, — à un type supérieur.

Ce mot de Simon : — *C'est moi qui l'ai* FAIT ! — En parlant de son cheval, caractérise à lui seul la nature et la violence du désespoir qu'il ressentit, lorsqu'après six années de soins, de peines, de joies et d'espérances , de craintes, d'incertitudes et de sacrifices de toutes sortes , il se vit enlever *son œuvre*, tout à coup, sans que rien ne l'y eût préparé à son réveil, et au moment même où il en recueillait toutes les satisfactions qu'il avait rêvées.

Et à ce point de vue, nous ne donnons pas Simon comme un type exceptionnel.

On n'a qu'à observer le colon dans les concours de bestiaux, pour trouver chez lui des manifestations de ces sentiments artistiques ; assoupis, presque éteints sous les labeurs écrasants de la vie rurale, ils se révèlent ici avec une vigueur éclatante. On ne dirait plus le même homme. Hier, dans les champs , son corps était raide et voûté, son regard soucieux et dur, ses allures lourdes et grossières ; aujourd'hui, autour de ces bestiaux, qui excitent à la fois son admiration, son orgueil, sa jalousie et son dédain, au milieu de tout ce monde, exeeptionnel pour lui, qui va et vient d'un animal à l'autre, jugeant, appréciant chacun à sa façon, aujourd'hui, disons-nous, cet homme s'est redressé, son visage s'est épanoui, son regard a repris de l'éclat et de l'indépendance, et il agite sa cravache ou son fouet avec un certain air d'orgueil qui ressemble presque à de l'insolence.

Il faut l'observer surtout, lorsque les membres de la commission examinent ses *sujets* à lui. Avec quelle attention subtile il les écoute ! Et quel magnifique sourire d'ironie on aperçoit au coin de sa lèvre, au fond de son regard, si ces messieurs ne reconnaissent point dans *son sujet* un produit hors ligne !

Il est impossible de ne pas lire sur son visage cette pensée : — Vous parlez très bien, messieurs... Vous faites de forts beaux discours... Mais *faites moi* un peu une bête comme la mienne !

Enfin, ici, en présence de son œuvre, qui éveille l'admiration, ou tout au moins l'attention de tout une foule intelligente, il sent qu'il est *quelque chose*, il comprend instinctivement qu'il est homme, c'est-à-dire, pour employer la définition d'un prédicateur célèbre : — Qu'il est le contre-maître de Dieu dans le grand chantier de la création terrestre.

Résumons-nous.

Ce qui avait séché le cœur de Simon, ce qui lui avait fait *sauter la tête*, pour parler comme lui, ce qui l'avait tué, en un mot, ce n'était pas uniquement la perte des sept cents francs, valeur matérielle de son cheval, — c'était la perte du *cheval qu'il avait fait* !

Jeanne ne se consolera jamais, assurément ; mais elle reprendra courage, car elle a toujours confiance en Dieu, et elle espère retrouver Simon dans un monde où il n'y a point de bandits,—et qui, dès lors, ne doit guère ressembler au nôtre.

Maintenant, qu'on nous permette de terminer cet épisode, — qui ne fait pas règle dans la vie du colon, mais qui n'est pourtant pas très rare, sauf quelques différences de détail, — qu'on nous permette, disons-nous, de le terminer par quelques courtes considérations sur la vie du colon algérien.

Les colons algériens ne sont pas des saints, et ils ont cela de commun avec beaucoup de monde. Néanmoins, si l'on veut consciencieusement analyser leur vie intime, compter tous les ennemis qu'ils ont à combattre, regarder de près toutes les plaies qui les rongent, ou reconnaîtra qu'il est aussi juste de les plaindre — et de les louer — qu'il est injuste de les honnir et de les vilipender comme le font certains individus qui, pour la plupart, trouvent très-naturel que d'autres portent éternellement des fardeaux qu'ils ne voudraient pas même toucher du doigt.

Et cependant, on ne saurait trop le répéter, tout en se défendant contre cette légion d'ennemis, toujours déchaînée contre lui, le colon algérien, pris collectivement, a desséché et assaini cent marais infects, défriché cent mille hectares de broussailles et de palmiers nains, bâti cent villes, cent villages, fondé cent grandes fermes, et, en 1861 (1), la France a reçu pour plus de soixante-un millions de produits algériens!

On se demande en vérité, comment, avec les faibles moyens dont la colonisation a pu disposer, et au milieu de tant d'éléments contraires, il a été possible d'obtenir de tels résultats. — Résultats immenses, inouïs, dont l'exposé officiel vient de frapper d'étonnement et d'admiration le monde industriel et agricole.

De pareils prodiges, selon nous, et tout en tenant compte du concours immense que l'armée a prêté à la colonisation dans la première phase de celle-ci, de pareils prodiges n'ont leur explication :

D'une part, que dans la fécondité du sol algérien, fécondité telle que, malgré les dévastations fréquentes des récoltes, il reste toujours assez de produits pour *pousser jusqu'à l'année suivante* ;

---

(1) Rapport de M. Dupin.

Et, d'autre part, dans les efforts infatigables, l'entraînement irrésistible, le courage, la persévérance, l'acharnement des colons algériens, pionniers héroïques de la colonisation africaine, se succédant sans cesse, depuis trente ans, sur la tombe les uns des autres, comme une armée de soldats intrépides sur une brèche meurtrière.

— Lutte admirable, gigantesque, peut-être sans exemple, toutes proportions gardées, dans les annales de la colonisation universelle.

CHAPITRE IX.

—

ÉPILOGUE.

Les Arabes, qui adorent l'ombre des broussailles et des palmiers nains et qui, par conséquent, respectent profondément ces *vergers* du désert, ont eu leurs brochures apologétiques.

Abd-el-Kader, dans lequel un grand nombre d'Arabes voient encore le grand, le véritable *moul-el-saah* qui doit enfin purger l'Algérie de la présence des infidèles, Abd-el-Kader a eu les siennes aussi.

Ce combat de Titans, du colon aux prises avec le vent du désert, le palmier nain, les maraudeurs, les fièvres, les usuriers, les fourmis, les moineaux, les escargots et la calomnie, n'inspirera-t-il pas à son tour une plume française ?...

NOTES.

—

N° 1. — Siége de la ferme du docteur Blancsubé. —
La situation des colons à Relizane était devenue intoléra-
ble à l'époque où remonte ce récit (1859).Les déprédations par
les Arabes se multipliaient sous toutes les formes et sur tous
les points. Chaque jour était signalé par de nouveaux mé-
faits.

Après avoir passé toute une journée aux rudes travaux de la
terre, sous un soleil tropical, le colon se voyait obligé de rester
la nuit debout et bien armé pour protéger ses récoltes, ses bestiaux, et même pour assurer sa vie contre les entreprises noc-
turnes des indigènes.

Pendant que l'un dormait, un doigt sur la détente de son
fusil, un autre montait la garde, et malgré cette vigilance, ils
étaient encore volés, souvent ruinés, quelquefois assas-
sinés.

Le fait de rapine et de brigandage le plus remarquable fut celui qui eût lieu à la ferme du docteur Blancsubé, à deux kilo-
mètres de Relizane. Il n'y avait alors que trois hommes
l'un infirme, rabougri, cacochyne, mais les deux autres soli-

des, vigoureux, anciens soldats qui, après avoir conquis par le sabre, venaient consolider la conquête, par le soc de la charrue. — Le soir venu, épuisés de fatigue par les travaux de la journée et les rondes des nuits précédentes, ils s'étaient dit qu'il n'y aurait peut-être pas de danger à prendre pour une fois un repos vraiment réparateur. Quelques instants après ils étaient couchés, deux dans la maison, et le troisième dans un petit réduit situé au fond d'un hangar attenant à la construction et d'où il pouvait surveiller le bétail. Pendant qu'ils s'en remettent ainsi à la garde de Dieu, une vingtaine d'Arabes, recrutés parmi les Flittas, les uns montés, les autres à pied, tous armés de pistolets, de longs couteaux et de matrags, s'avancent silencieusement, au milieu d'une nuit sombre, de la rive droite de la Mina ; ils vont pour surprendre les habitants de la ferme, tout tuer et faire une rafle, une razzia complète.

Arrivés au pied du bâtiment sans que les chiens, on ne sait comment, aient donné l'alarme, ils posent leurs vedettes et se mettent à l'œuvre. Bientôt le hangar est enfoncé, les chaînes et les cadenas des bestiaux brisés. — Se croyant seuls et protégés par leurs factionnaires contre les habitants de la maison, les voleurs n'avaient pas mis à cette œuvre leur dextérité, leur prudence ordinaires ; il y avait eu un peu de tumulte et de bruit. Le fermier qui dormait au fond du réduit s'éveille, et jugeant à la douteuse clarté d'une veilleuse microscopique, clarté qui n'était en quelque sorte percevable que pour lui, qu'il avait affaire à forte partie, il se glisse adroitement, son fusil d'une main et une grosse houe de l'autre, derrière des ballots de tabac empilés à deux pas de là. Au même moment, l'un des voleurs, qui venait d'apercevoir pour la première fois la petite lueur phosphorescente, se dirige en rampant comme une couleuvre de ce côté.

Le fermier comprenant qu'un coup de fusil de sa part le trahirait et qu'il serait nécessairement accablé par le nombre, s'avance aussi en rampant vers son adversaire. Tout à coup il se relève et envoie au brigant un fort coup de houe qui va rebondir sur sa robuste échine.

Celui-ci n'a pas le temps de pousser un cri qu'un second coup tombe sur sa tête et l'écrase.

Les bandits ayant emmené les bestiaux avec eux hors du hangar, se précipitent avec furie sur la maison, annonçant leur premier succès par d'infâmes ricanements, vociférant d'horribles imprécations de mort. Il n'y avait qu'un homme au-dedans pour sa défense, mais il avait du courage, du sang-froid, il était résolu à vendre chèrement sa vie. Il barricade solidement la porte placée entre deux croisées, s'arme d'un fusil et d'une faulx..... il attend !

Bientôt les volets des fenêtres tombent sous les efforts des assaillants, les vitres sont brisées et des coup de feu partent au milieu des cris *muerto! muerto!* Mais les premiers bras qui passent se retirent aussitôt ensenglantés par la faulx, et deux décharges successives répriment un peu la fougue de l'attaque. L'intrépide assiégé recharge à la hâte son fusil, son regard fixé sur les deux croisées, et, interrompant de temps à autre sa manœuvre, pour distribuer des coups de faulx aux plus téméraires.

Après un faible temps d'arrêt, l'assaut recommence plus furieux, mais la faulx et le fusil se multipliant sans repos pendant une heure, avec une rapidité qui tient du prodige, réussissent encore à briser les effors des assaillants. Ceux-ci reviennent à l'attaque. Même intrépidité, même bonheur dans la défense.

Mais à la quatrième heure de ce siége, la porte dépessée va tomber et livrer passage à la horde enragée. Que va devenir le malheureux défenseur ? En ce moment suprême deux décharges successives parties du hangar viennent jeter le désordre et l'effroi parmi ces forcenés. C'était le premier fermier, qui n'ayant que deux coups à tirer, avait voulu les ménager pour une action décisive

Les bandits découragés et voyant, d'ailleurs, les premières lueurs de l'aube matinale, se décident enfin à lâcher prise. Retirés à une centaine de pas du lieu de la scène, ils se disposaient pour le départ lorsque l'un d'entre eux, ne trouvant pas la razzia assez complète, revient auprès de la maison, s'accroupit sur ses deux genoux et ses deux coudes, et tend le

cou et le bras au fond d'un poulailler pour en saisir les inno-
cents volatiles. Au même instant, le brave assiégé écarte la
porte, sort et lui envoie un coup de fusil dans les reins.

A cette nouvelle explosion, la panique s'empare des malfai-
teurs; ils ramassent en toute hâte leurs morts et leurs blessés,
les chargent sur les chevaux de la ferme, et poussant le reste
du bétail devant eux, s'enfuient précipitamment.

Chemin faisant, ils enveloppent les cadavres de broussailles,
de manière à en faire des fagots, et les jettent dans un silos,
où ils descendent également un blessé qui ne pouvait plus
suivre sur son cheval.

Le lendemain, le général de la subdivision de Mostaganem
était sur les lieux, adressant de chaleureuses félicitations aux
deux fermiers pour leur brillante défense. On assure qu'il eut
un instant le désir de les proposer pour une récompense. Il
destitua le caïd reconnu complice et le mit au silos. Par
ses ordres, une instruction sévère fut commencée et poursui-
vie avec vigueur.

Quelques mois après, ce drame se dénouait en conseil de
guerre à Oran.

Sur quinze prisonniers, deux étaient morts en prison par
suite de leurs blessures, cinq étaient condamnés à mort et le
reste aux travaux forcés.

Sur les cinq condamnés à mort, l'un avait eu le bonheur
de s'évader, les autr e furent f silés à Relizane près du marché.

(N° 2). PUISSANCE DU SOL ALGÉRIEN. Nier la fertilité de l'Algérie, c'est nier son histoire, c'est nier son soleil. Il s'est
pourtant rencontré des écrivains qui ont entrepris cette tâche.
Que Dieu leur pardonne ! Pour nous, ils nous paraissent assez
punis, par le ridicule dont ils se couvrent.

Nous n'avons pas le désir d'établir ici une statistique com-
parée ; ce travail occupe en ce moment des plumes plus au-
torisées que la nôtre.

Citons seulement quelques faits, dont nous avons été
témoin oculaire.

Dans une ferme, située aux environs de Mostaganem, M. d'Armagnac a obtenu mille quintaux de blé, dans soixante hectares de terres, d'une qualité médiocre, puisqu'il n'avait pas voulu les employer à une culture plus rénumératrice.

Dans la même ferme, un seul cep de vigne, planté en 1860, a donné l'année suivante, dix-sept grappes de raisin, pesant ensemble onze kilos quatre cents grammes.

Dans la ferme Lay, près Ténès, deux hectares d'excellente terre ont donné en 1858, *quarante-cinq quintauv* de blé.

A Saint-Salvador, près Alger, M. Larbier, fit défricher l'année dernière, un seul hectare pris au hazard, sur un immense terrain couvert de broussailles, dont il venait de faire l'acquisition. Il le fit planter en légumes divers. Cet hectare a rendu ; vingt-deux quintaux de pommes de terre, quatre charretées de choux, cent-soixante pieds de salades magnifiques, quatre quintaux de carottes, oignons, concombres, etc.

Nous pourrions multiplier à l'infini ces citations, qui n'apprendraient rien aux Algériens.

Mais, qu'on le sache bien en Europe, du jour, où l'Algérie possèdera des voies de communications faciles, qui donneront un débouché aux produits et rendront peu couteux le transport de l'engrais ; du jour où un bon système d'irrigation sera établi, l'Algérie sera pour la France, ce qu'elle était jadis pour Rome :

Un inépuisable grenier d'abondance et une source de richesse.

TABLE DES MATIÈRES.

Alger. — Imprimerie A. MOLOT et Cie, rue de l'Etat-Major, 5.

ERRATA.

—

	AU LIEU DE	LISEZ
Pagè 40, 3ᵉ ligne	Se courbaient *vers* le vent en *rayons* immenses formant comme de longues ceintures fuyantes	se courbaient *sous* le vent en *ondulations* immenses et fuyantes.
Même page 8ᵉ ligne	*Confinée*	*Infinie*
Même page 10ᵉ ligne	*Que le ciel*	*Qu'il*
Page 41, 8ᵉ ligne	*Les ébranlements*	*Ces ébranlements*
Page 54, 16ᵉ ligne	*ne* se réalisent	se réalisent
Page 58, 16ᵉ ligne	c'était	c'étaient

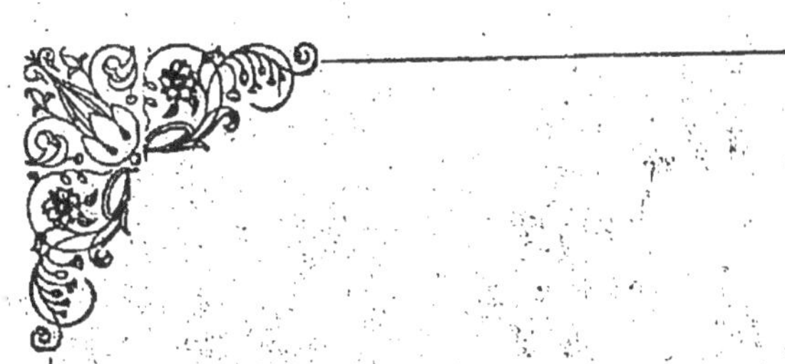